Impressum
Verlag: BABADADA GmbH, Nedderfeld 112 , 22529 Hamburg
Geschäftsführer / Verlagsleitung: Harald Hof
Druck: Books on Demand GmbH, In de Tarpen 42, 22848 Norderstedt

Imprint
Publisher: BABADADA GmbH, Nedderfeld 112 , 22529 Hamburg, Germany
Managing Director / Publishing direction: Harald Hof
Print: Books on Demand GmbH, In de Tarpen 42, 22848 Norderstedt

სკოლა

école

საკლასო ოთახი
salle de classe

გაყოფა
diviser

186/2

დაფა
tableau noir

სკოლის ეზო
cour (de récréation)

მასწავლებელი
professeur

ქაღალდი
papier

კალამი
stylo

მაგიდა
bureau

წერა
écrire

სახაზავი
règle

წიგნი
livre

მოსწავლე
élève

ზურგჩანთა

cartable

პენალი

trousse

ფანქარი

crayon

ფანქრების სათლელი

taille-crayon

საშლელი

gomme

ნახატების ალბომი

carnet à dessin

ნახატი

dessin

ფუნჯი

pinceau

საღებავის ყუთი

boîte de peinture

მაკრატელი

ciseaux

წებო

colle

სავარჯიშო რვეული

cahier d'exercices

საშინაო დავალება

devoirs

12

ნომერი

chiffre

2+2

დამატება

additionner

5-2

გამოკლება

soustraire

2×2

გამრავლება

multiplier

გამოთვლა

calculer

A

წერილი

lettre

ABCDEFG
HIJKLMN
OPQRSTU
VWXYZ

ანბანი

alphabet

სიტყვა

mot

ტექსტი

texte

წაკითხვა

lire

ცარცი

craie

გაკვეთილი

leçon

რეგისტრაცია

livre de classe

გამოცდა

examen

სერტიფიკატი

certificat

სკოლის ფორმა

uniforme scolaire

განათლება

formation

ენციკლოპედია

lexique

უნივერსიტეტი

université

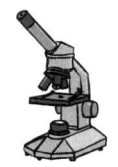

მიკროსკოპი

microscope

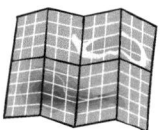

რუქა

carte

კალათა ნარჩენი ქაღალდებისათვის

corbeille à papier

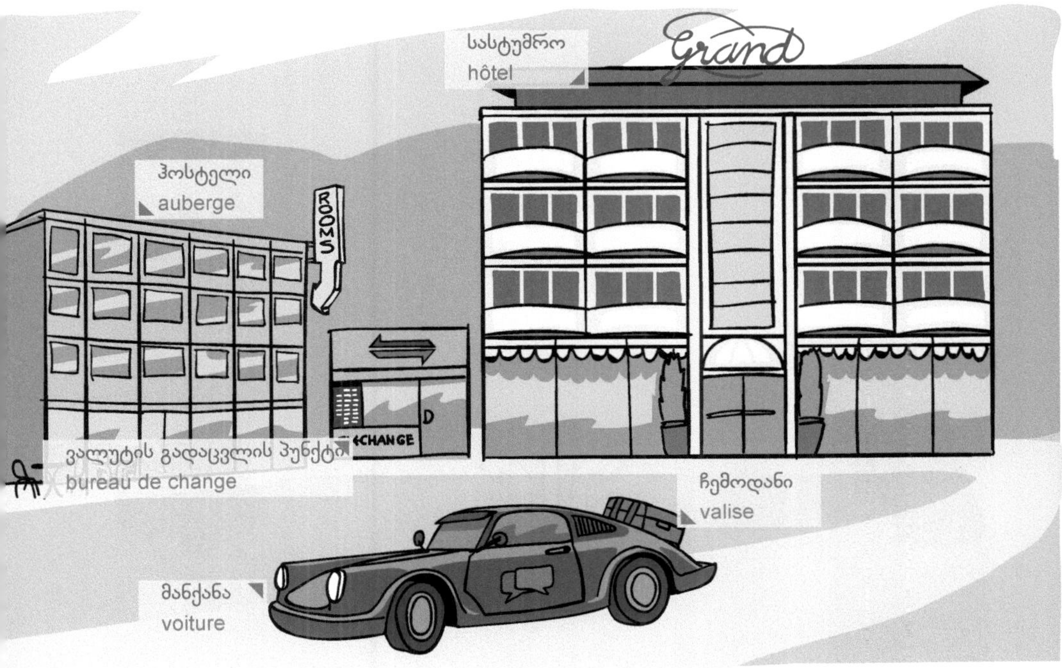
სასტუმრო
hôtel
Grand
ჰოსტელი
auberge
ROOMS
EXCHANGE
ვალუტის გადაცვლის პუნქტი
bureau de change
ჩემოდანი
valise
მანქანა
voiture

ენა

langue

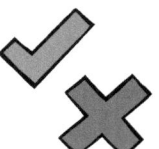

კი / არა

oui / non

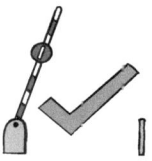

კარგი

d'accord

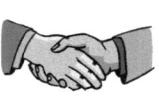

გამარჯობა

Salut

მთარგმნელი

interprète

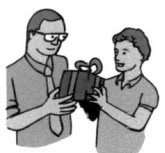

გმადლობთ

merci

რა ღირს... ?

Combien coûte...?

ვერ გავიგე

Je ne comprends pas

პრობლემა

problème

ალამო მშვიდობისა!

Bonsoir !

დილა მშვიდობისა!

Bonjour !

ღამე მშვიდობისა!

Bonne nuit !

ნახვამდის

Au revoir

მიმართულება

direction

ბარგი

bagages

ჩანთა

sac

ზურგჩანთა

sac-à-dos

სტუმარი

hôte

ოთახი

pièce

საძილე ტომარა

sac de couchage

კარავი

tente

ტურისტული ინფორმაცია

office de tourisme

სანაპირო

plage

საკრედიტო ბარათი

carte de crédit

საუზმე

petit-déjeuner

ლანჩი

déjeuner

ვახშამი

dîner

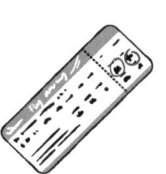

ბილეთი

billet

ლიფტი

ascenseur

საფოსტო მარკა

timbre

საზღვარი

frontière

საბაჟო

douane

საელჩო

ambassade

ვიზა

visa

პასპორტი

passeport

თვითმფრინავი
avion
გემი
navire
სახანძრო მანქანა
véhicule de pompiers
ავტობუსი
bus
სატვირთო მანქანა
camion
მოტორიზებული ნავი
bateau à moteur
მანქანა
voiture
ველოსიპედი
bicyclette

ბორანი

ferry

ნავი

barque

მოტოციკლი

moto

პოლიციის მანქანა

voiture de police

სარბოლო მანქანა

voiture de course

დაქირავებული მანქანა

voiture de location

მანქანის ერთობლივი მოხმარება

auto-partage

საბუქსირე მანქანა

voiture de remorquage

ნაგვის მანქანა

benne à ordures

ძრავა

moteur

საწვავი

essence

ბენზინგასამართი სადგური

station d'essence

საგზაო ნიშანი

panneau indicateur

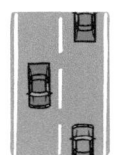

მოძრაობა

trafic

საცობი

embouteillage

მანქანის სადგომი

parking

მატარებლის სადგური

gare

ლიანდაგები

rails

მატარებელი

train

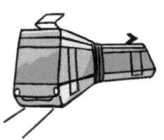

ტრამვაი

tramway

ვაგონი

wagon

ვერტმფრენი

hélicoptère

აეროპორტი

aéroport

კოშკი

tour

მგზავრი

passager

კონტეინერი

conteneur

მუყაოს ყუთი

carton

ურიკა

chariot

კალათა

corbeille

აფრენა / დაშვება

décoller / atterrir

ქალაქი
ville

სოფელი

village

ქალაქის ცენტრი

centre-ville

სახლი

maison

კინოთეატრი
cinéma
რეკლამა
publicité
ქუჩის ლამპიონი
réverbère
ქუჩა
rue
ტაქსი
taxi
სავაჭრო ჯიხური
kiosque
ქვეითი
piétcn
ტროტუარი
trottoir
ქვეითების გადასასვლელი
passage piéton
ნაგვის ურნა
poubelle
ჯვარედინი
carrefour
შუქნიშანი
feux de circulation

ქოხი

cabane

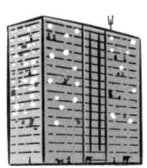

ბინა

appartement

მატარებლის სადგური

gare

მუნიციპალიტეტი

mairie

მუზეუმი

musée

სკოლა

éccle

უნივერსიტეტი

université

ბანკი

banque

საავადმყოფო

hôpital

სასტუმრო

hôtel

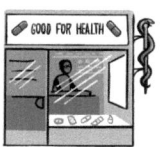

აფთიაქი

pharmacie

ოფისი

bureau

წიგნების მაღაზია

librairie

მაღაზია

magasin

ფლორისტი

fleuriste

სუპერმარკეტი

supermarché

ბაზარი

marché

მაღაზიის განყოფილება

grand magasin

თევზის გამყიდველი

poissonnerie

სავაჭრო ცენტრი

centre commercial

ნავსადგომი

port

პარკი

parc

გრძელი სკამი

banque

ხიდი

pont

კიბეები

escaliers

მიწისქვეშა გადასასვლელი

métro

გვირაბი

tunnel

ავტობუსის გაჩერება

arrêt de bus

ბარი

bar

რესტორანი

restaurant

საფოსტო ყუთი

boîte à lettres

ქუჩის ნიშანი

panneau indicateur

პარკინგის ხაზომი

parcmètre

ზოოპარკი

zoo

საცურაო აუზი

piscine

მეჩეთი

mosquée

ფერმა

ferme

გარემოს დაბინძურება

pollution

სასაფლაო

cimetière

ეკლესია

église

საბავშვო მოედანი

aire de jeux

ტაძარი

temple

ლანდშაფტი

paysage

ფოთოლი
feuille
გზის მანიშნებელი ნიშანი
panneau indicateur
გზა
chemin
მდელო
pré
ქვა
pierre
მოგზაური
randonneur
ხე
arbre
მდინარე
rivière
ბალახი
herbe
ყვავილი
fleur

ხეობა
vallée

გორაკი
montagne

ტბა
lac

ტყე
forêt

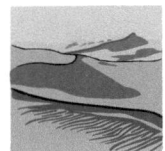

უდაბნო
désert

ვულკანი
volcan

ციხე
château

ცისარტყელა
arc-en-ciel

სოკო
champignon

პალმა
palmier

კოღო
moustique

ბუზი
mouche

ჭიანჭველა
fourmis

ფუტკარი
abeille

ობობა
araignée

ლანდშაფტი - paysage

ხოჭო

coléoptère

ბაყაყი

grenouille

ციყვი

écureuil

ზღარბი

hérisson

კურდღელი

lièvre

ბუ

chouette

ფრინველი

oiseau

გედი

cygne

ტახი

sanglier

ირემი

cerf

ცხენ-ირემი

élan

კაშხალი

barrage

ქარის ტურბინა

éolienne

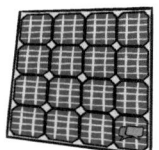

მზის ბატარეა

panneau solaire

კლიმატი

climat

რესტორანი
restaurant

მიმტანი
serveur
მენიუ
menu
სკამი
chaise
სუპი
soupe
პიცა
pizza
მაგიდაზე გადასაფარებელი
nappe
დანა-ჩანგალი
couverts

საუზმე

hors d'œuvre

მთავარი კერძი

plat principal

დესერტი

dessert

დასალევი

boissons

საჭმელი

alimentation

ბოთლი

bouteille

სწრაფი კვება

fast-food

ქუჩის საჭმელი

plats à emporter

ჩაიდანი

théière

საშაქრე

sucrier

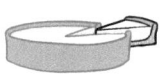

პორცია

portion

ესპრესოს მანქანა

machine à expresso

მაღალი სკამი

chaise haute

ანგარიში

facture

ლანგარი

plateau

დანა

couteau

ჩანგალი

fourchette

კოვზი

cuillère

ჩაის კოვზი

cuillère à thé

ხელსახოცი

serviette

ჭიქა

verre

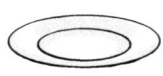

თეფში

assiette

სუპის თეფში

assiette à soupe

ჩაის ლამბაქი

soucoupe

საწებელი

sauce

სამარილე

salière

წიწაკის საფქვავი

moulin à poivre

ძმარი

vinaigre

ზეთი

huile

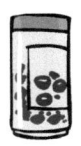 

სანელებლები

épices

კეტჩუპი

ketchup

მდოგვი

moutarde

მაიონეზი

mayonnaise

სუპერმარკეტი
supermarché

სპეციალური შეთავაზება
offre promotionnelle
FOR
მომხმარებელი
client
რძის ნაწარმი
produits laitiers
ხილი
fruits
ურიკა
chariot

საყასბო

boucherie

საცხობი

boulangerie

აწონვა

peser

ბოსტნეული

légumes

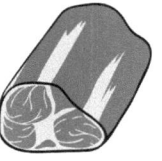

ხორცი

viande

გაყინული საკვები

aliments surgelés

გრილი ხორცი
charcuterie

კონსერვები
conserves

სარეცხი ფხვნილი
poudre à lessive

ტკბილეული
bonbons

საყოფაცხოვრებო
პროდუქტები
articles ménagers

სარეცხი საშუალებები
détergents

გამყიდველი
vendeuse

სალარო
caisse

მოლარე
caissier

საყიდლების სია
liste d'achats

მუშაობის საათები
heures d'ouverture

პორტმანი
portefeuille

საკრედიტო ბარათი
carte de crédit

ჩანთა
sac

პლასტიკური პარკი
sac en plastique

დასალევი
boissons

წყალი

eau

წვენი

jus de fruit

რძე

lait

კოკა-კოლა

coca

ღვინო

vin

ლუდი

bière

ალკოჰოლი

alcool

კაკაო

chocolat chaud

ჩაი

thé

ყავა

café

ესპრესო

expresso

კაპუჩინო

cappuccino

საჭმელი
alimentation

ბანანი

banane

ვაშლი

pomme

ფორთოხალი

orange

საზამთრო

melon

ლიმონი

citron

სტაფილო

carotte

ნიორი

ail

ბამბუკი

bambou

ხახვი

oignon

სოკო

champignon

კაკალი

noisettes

ატრია

pâtes

სპაგეტი
spaghetti

ბრინჯი
riz

სალათი
salade

ჩიპსები
pommes frites

შემწვარი კარტოფილი
pommes de terre rôties

პიცა
pizza

ჰამბურგერი
hamburger

სენდვიჩი
sandwich

კოტლეტი
escalope

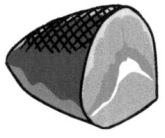

ლორი
jambon

სალიამი
salami

ძეხვი
saucisse

წიწილა
poulet

შემწვარი ხორცი
rôti

თევზი
poisson

შვრიის ფაფა

flocons d'avoine

მუსლი

muesli

სიმინდის ფანტელები

cornflakes

ფქვილი

farine

კრუასანი

croissant

ბულკი

petits-pains

პური

pain

ტოსტი

pain grillé

ნამცხვრები

biscuits

კარაქი

beurre

ხაჭო

le fromage blanc

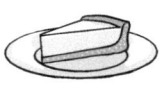

ტორტი

gâteau

კვერცხი

œuf

ერბო-კვერცხი

œuf au plat

ყველი

fromage

ნაყინი

glace

შაქარი

sucre

თაფლი

miel

ჯემი

confiture

შოკოლადის კრემი

crème nougat

კარი

curry

სოფლის სახლი
ferme

თავლა
grange

ჩალის შეკვრა
botte de paille

ყანა
champ

ცხენი
cheval

მიააზმელი
remorque

კვიცი
poulain

ტრაქტორი
tracteur

ვირა
âne

ცხვარი
agneau

ცხვარი
mouton

თხა

chèvre

ძროხა

vache

ხბო

veau

ღორი

porc

გოჭი

porcelet

ხარი

taureau

ბატი

oie

იხვი

canard

წიწილა

poussin

ქათამი

poule

მამალი

coq

ვირთხა

rat

კატა

chat

თაგვი

souris

ხარი

bœuf

ძაღლი

chien

საძაღლე

chenil

ბაღის შლანგი

tuyau de jardin

საბაღე წურწურა

arrosoir

ცელი

faucheuse

გუთანი

charrue

ნამგალი

faucille

თოხი

pioche

პატივის სახვეტი ჩანგალი

fourche

ცული

hache

მაზიდი

brouette

გობი

cuve

რძის ბიდონი

pot à lait

ტომარა

sac

ღობე

clôture

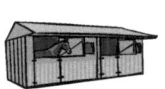

ბოსელი

étable

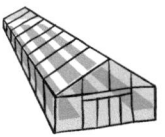

სათბური

serre

ნიადაგი

sol

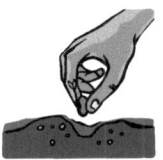

თესლი

semences

სასუქი

engrais

მოსავლის ამღები კომბაინი

moissonneuse-batteuse

მოსავლის აღება

récolter

მოსავალი

récolte

იამი

igname

ხორბალი

blé

სოიო

soja

კარტოფილი

pomme de terre

სიმინდი

maïs

სარეველას თესლი

colza

ხეხილი

arbre fruitier

მანიოკი

manioc

მარცვლეული

céréales

სახლი
maison

ბუხარი
cheminée
სახურავი
toit
წყალსადინარი მილი
gouttière
ფანჯარა
fenêtre
ავტოფარეხი
garage
კარის ზარი
sonnette
კარი
porte
ნაგვის ყუთი
poubelle
საფოსტო ყუთი
boîte aux lettres
ბაღი
jardin

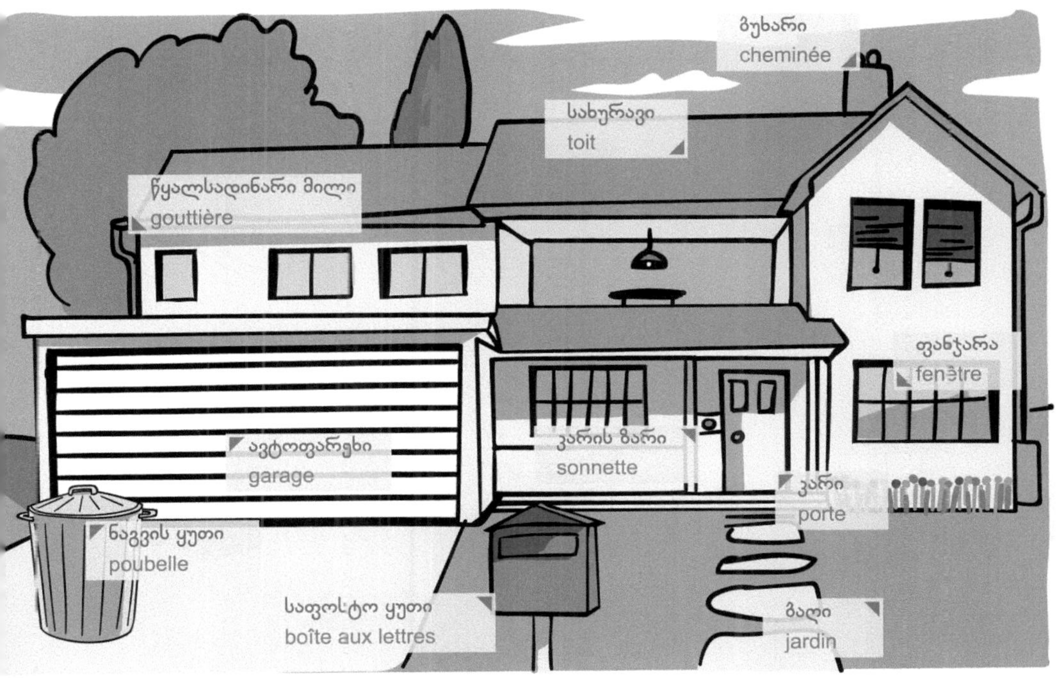

მისაღები ოთახი
....
salon

აბაზანა
....
salle de bain

სამზარეულო
....
cuisine

საძინებელი
....
chambre à coucher

საბავშვო ოთახი
....
chambre d'enfant

სასადილო ოთახი
....
salle à manger

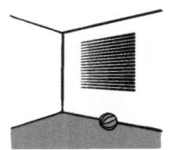

სართული

sol

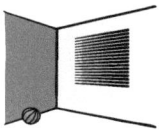

კედელი

mur

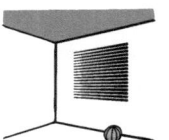

ჭერი

plafond

სარდაფი

cave

საუნა

sauna

აივანი

balcon

ტერასა

terrasse

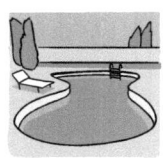

აუზი

piscine

გაზონის საკრეჭი

tondeuse à gazon

საბნის კონვერტი

housse

საწოლი

couette

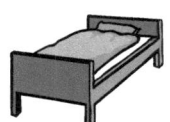

ლოგინი

lit

ცოცხი

balai

სათლი

sceau

გადამრთველი

interrupteur

მისაღები ოთახი

salon

შპალერი
papier peint
ნახატი
image
ნათურა
lampe
თარო
étagère
კარადა
armoire
ტელევიზორი
télé
ბუხარი
cheminée
ყვავილი
fleur
ბალიში
coussin
დივანი
sofa
ვაზა
vase
დისტანციური მართვა
télécommande

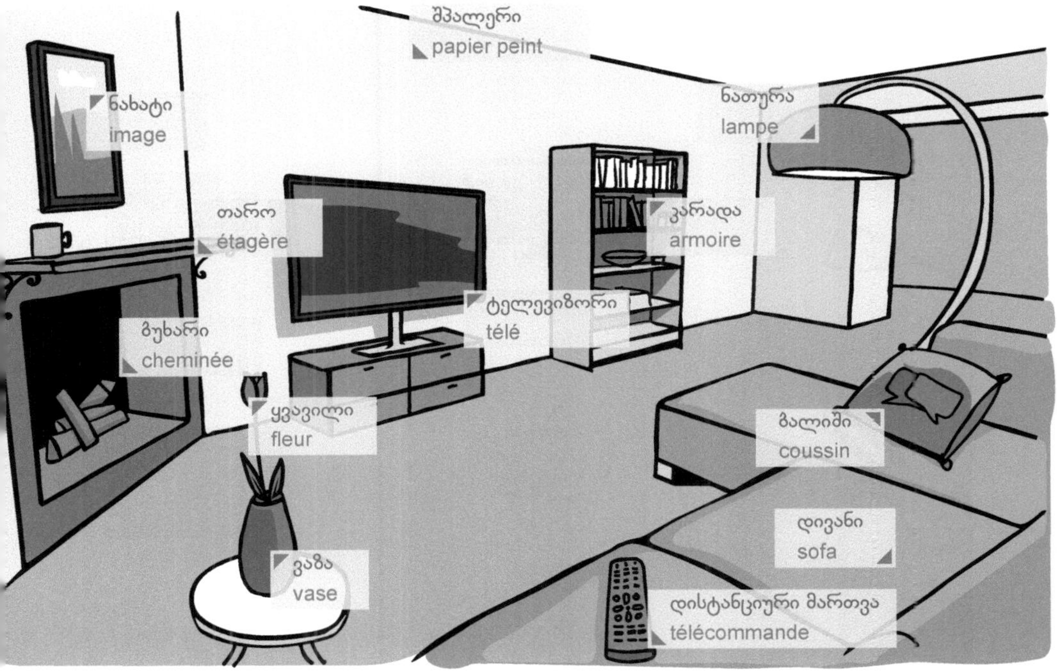

ხალიჩა
tapis

ფარდა
rideau

მაგიდა
table

სკამი
chaise

სარწეველა სკამი
chaise à bascule

სავარძელი
fauteu l

წიგნი

livre

საბანი

couverture

დეკორაცია

décoration

შეშა

bois de chauffage

ფილმი

film

hi-fi მოწყობილობები

chaîne hi-fi

გასაღები

clé

გაზეთი

journal

ფერწერა

peinture

პლაკატი

poster

რადიო

radio

ბლოკნოტი

bloc-notes

მტვერსასრუტი

aspirateur

კაქტუსი

cactus

სანთელი

bougie

სამზარეულო
cuisine

მაცივარი
réfrigérateur
მიკრო-ტალღური ღუმელი
four à micro-ondes
სამზარეულოს სასწორი
balance de cuisine
ტოსტერი
grille-pain
სარეცხი საშუალება
détergent
ღუმელი
four
საყინულე
compartiment congélateur
ნაგვის ყუთი
poubelle
ჭურჭლის სარეცხი მანქანა
lave-vaisselle

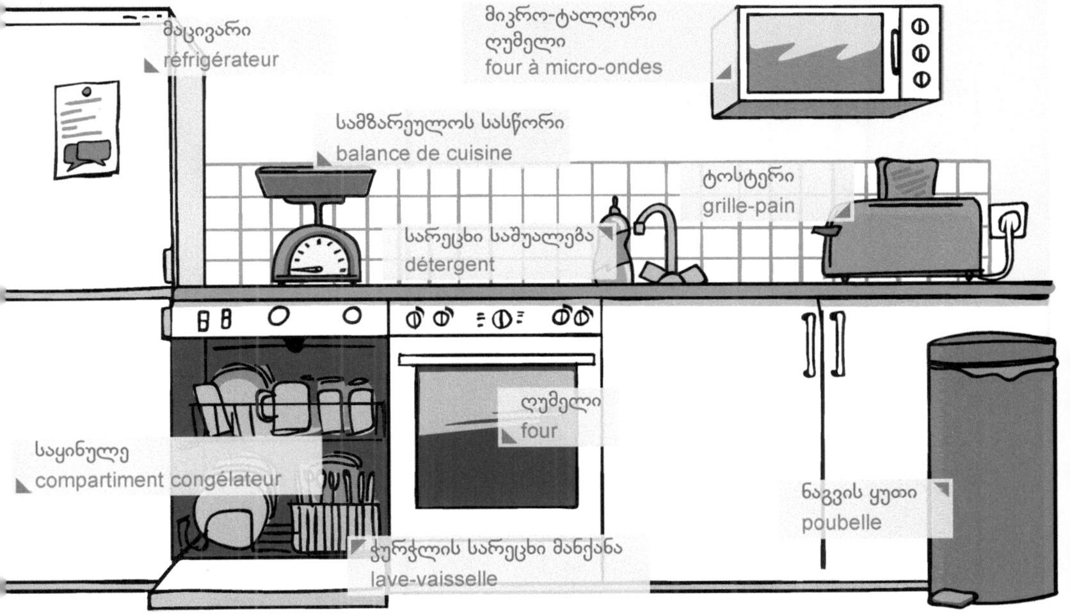

გაზქურა

four

ქოთანი

casserole

თუჯის ქვაბი

marmite

ტაფა ამობერილი ფსკერით
wok / kadai

ტაფა

poêle

ჩაიდანი

bouilloire electrique

სამზარეულო - cuisine

ორთქლსახარში

cuiseur vapeur

საცხობი ლანგარი

plaque de cuisson

ჭურჭელი

vaisselle

კათხა

gobelet

თასი

coupe

ჩინური ჩხირები

baguettes

ჩამჩა

louche

ფითხი

spatule

სათქვეფელა

fouet

საწური

passoire

საცერი

tamis

სახეხი

râpe

სანაყი

mortier

გრილი

barbecue

კოცონი

cheminée

დაფა

planche à découper

საგორავი

rouleau à pâtisserie

ბურღი

tire-bouchon

ქილა

boîte

ქილის გასახსნელი

ouvre-boîte

ქოთნის დამჭერი

maniques

ნიჟარა

lavabo

ფუნჯი

brosse

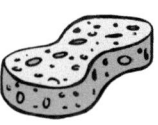

ღრუბელი

éponge

ბლენდერი

mixeur

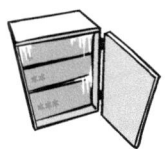

საყინულე კამერა

congélateur

საბავშვო ბოთლი

biberon

ონკანი

robinet

აბაზანა

salle de bain

გათბობა
chauffage
შხაპი
douche
პირსახოცი
serviette
საშხაპე ფარდა
rideau de douche
ღრუბლიანი აბანო
bain moussant
ვანა
baignoire
ჭიქა
verre
სარეცხი მანქანა
machine à laver
ონკანი
robinet
ფილები
carrelage
ღამის ქოთანი
pot
ნიჟარა
lavabo

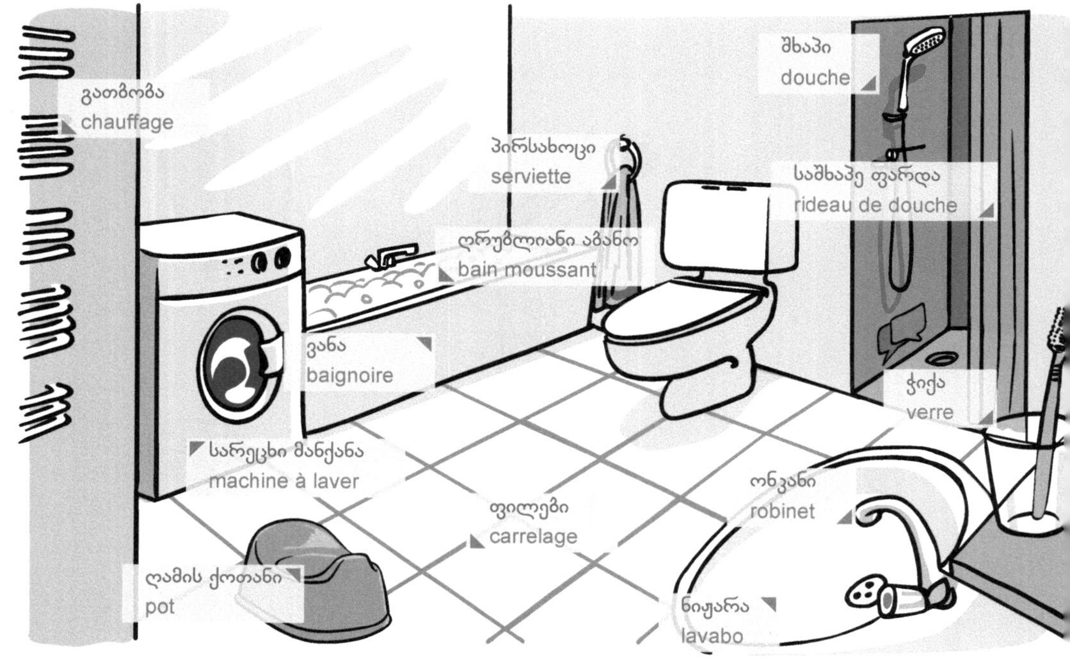

ტუალეტი

toilettes

იატაკის ტუალეტი

toilette à la turque

ბიდე

bidet

კედლის პისუარი

urinoir

ტუალეტის ქაღალდი

papier toilette

ტუალეტის ჯაგრისი

brosse à toilette

კბილის ჯაგრისი

brosse à dents

კბილის პასტა

dentifrice

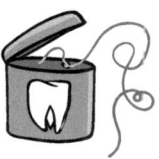

კბილის ძაფი

fil dentaire

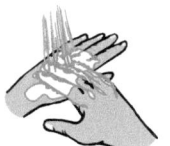

რეცხვა

laver

ხელის შხაპი

douche manuelle

ინტიმური შხაპი

douche intime

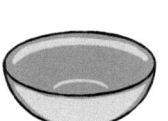

ტაშტი

vasque

ზურგის სახეხი ფუნჯი

brosse dorsale

საპონი

savon

შხაპის გელი

gel douche

შამპუნი

shampooing

ნეჭა

gant de toilette

სანიაღვრე

écoulement

კრემი

crème

დეოდორანტი

déodorant

სარკე

miroir

ხელის სარკე

miroir cosmétique

ბრიტვა

rasoir

საპარსი ქაფი

mousse à raser

საშუალება გაპარსვის შემდეგ

après-rasage

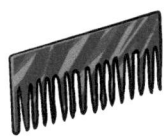

სავარცხელი

peigne

ჯაგრისი

brosse

თმის საშრობი

sèche-cheveux

თმის ლაქი

laque pour cheveux

კოსმეტიკა

fond de teint

ტუჩების პომადა

rouge à lèvres

ფრჩხილის ლაქი

vernis à ongles

ბამბა

ouate

ფრჩხილის მაკრატელი

coupe-ongles

სუნამო

parfum

კოსმეტიკის ჩანთა

trousse de toilette

ტაბურეტი

tabouret

სასწორი

pèse-personne

სააბაზანო ხალათი

peignoir

რეზინის ხელთათმანები

gants de nettoyage

ტამპონი

tampon

სანიტარული პირსახოცი

serviettes hygiéniques

ბიო-ტუალეტი

toilette chimique

საბავშვო ოთახი

chambre d'enfant

მაღვიძარა
réveil
რბილი სათამაშო
doudou
სათამაშო მანქანა
voiture jouet
ჩხარუნა სათამაშო
hochet
თოჯინების სახლი
maison de poupée
საჩუქარი
cadeau

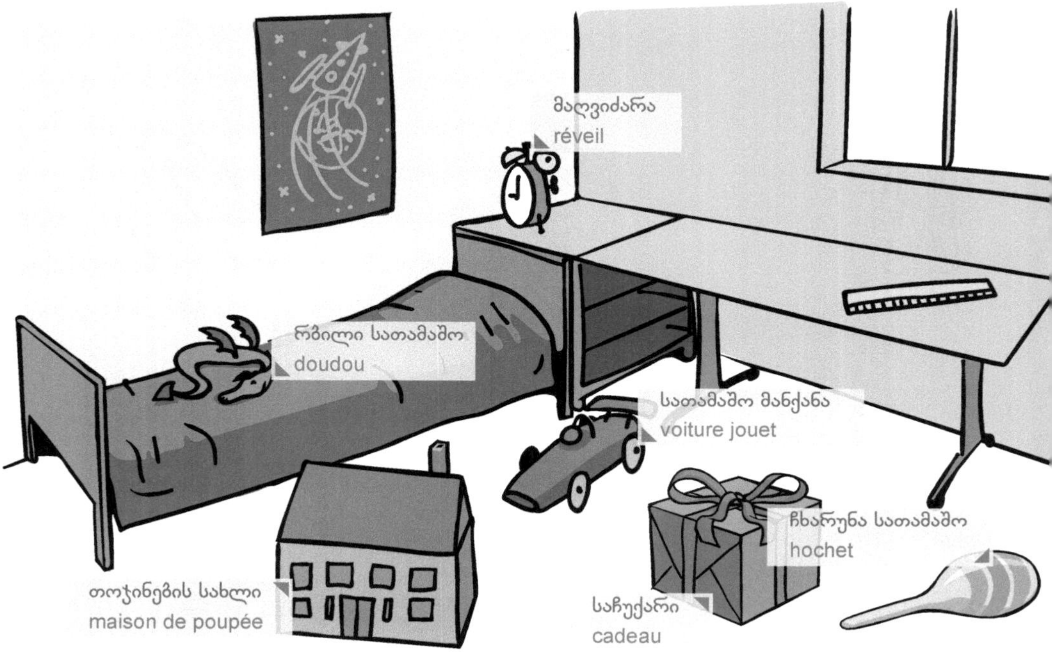

ბუშტი

ballon

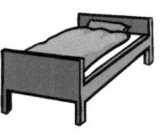

ლოგინი

lit

საბავშვო ეტლი

poussette

კარტის თამაში

jeu de cartes

პაზლი

puzzle

კომიკსი

bande dessinée

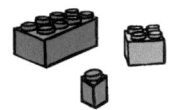

ლეგოს აგურები

pièces lego

ასაშენებელი კუბიკები

blocs de construction

სათამაშო ფიგურა

figurine

საცოცავი

grenouillère

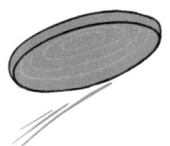

ფრისბი

frisbee

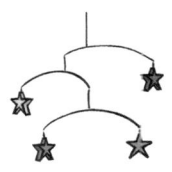

მობილე

mobile

სამაგიდო თამაში

jeu de société

კამათელი

dé

რკინიგზის მოდელი

train miniature

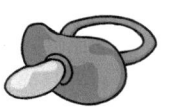

საწოვარა

sucette

წვეულება

fête

წიგნი ნახატებით

livre d'images

ბურთი

balle

თოჯინა

poupée

თამაში

jouer

საქვიშარი

bac à sable

საქანელა

balançoire

სათამაშოები

jouets

ვიდეო თამაშის კონსოლი

console de jeu

სამთვლიანი ველოსიპედი

tricycle

დათუნია

ours en peluche

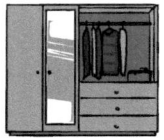

გარდერობი

armoire

ტანსაცმელი

vêtements

წინდები

chaussettes

ჩულქები

bas

კოლგოტები

collant

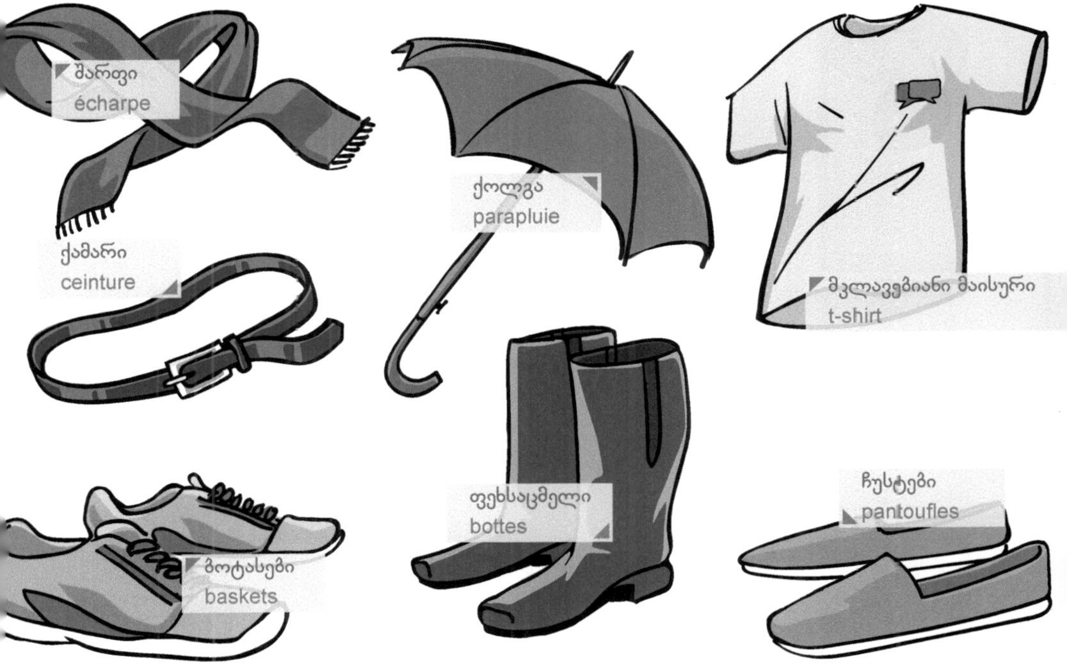

შარფი
écharpe

ქოლგა
parapluie

მკლავებიანი მაისური
t-shirt

ქამარი
ceinture

ფეხსაცმელი
bottes

ჩუსტები
pantoufles

ბოტასები
baskets

სანდლები

sandales

ფეხსაცმელი

chaussures

რეზინის ჩექმები

bottes de caoutchouc

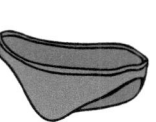

ტრუსები

sous-vêtements

ბიუსჰალტერი

soutien-gorge

მაისური

maillot de corps

სხეული

body

შარვალი

pantalon

ჯინსი

jean

ქვედაკაბა

jupe

ბლუზი

chemisier

პერანგი

chemise

სვიტრი

pull

კაპიუშონიანი ჟაკეტი

sweat à capuche

სპორტული ქურთუკი

veste

ჟაკეტი

veste

პალტო

manteau

საწვიმარი

imperméable

კოსტუმი

costume

კაბა

robe

საქორწილო კაბა

robe de mariée

კაცის კოსტიუმი

costume

ღამის პერანგი

chemise de nuit

პიჟამოები

pyjama

სარი

sari

თავშალი

foulard

ტურბანი

turban

ჩადრი

burqa

ხიფთანი

caftan

აბაია

abaya

საცურაო კოსტუმი

maillot de bain

ჩემოდნები

maillot de bain

შორტები

short

სპორტული კოსტიუმი

tenue d'entraînement

წინსაფარი

tablier

ხელთათმანები

gants

ღილი
bouton

სათვალეები
lunettes

სამაჯური
bracelet

ყელსაბამი
collier

ბეჭედი
bague

საყურე
boucle d'oreille

კეპი
bonnet

საკიდი
cintre

ქუდი
chapeau

ჰალსტუხი
cravate

ელვა-შესაკრავის შეკვრა
fermeture éclair

ჩაფხუტი
casque

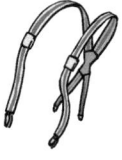

აჭიმი
bretelles

სკოლის ფორმა
uniforme scolaire

ფორმა
uniforme

გავშვის წინსაფარი

bavoir

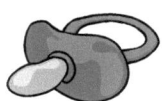

საწოვარა

sucette

პამპერსი

lange

ოფისი
bureau

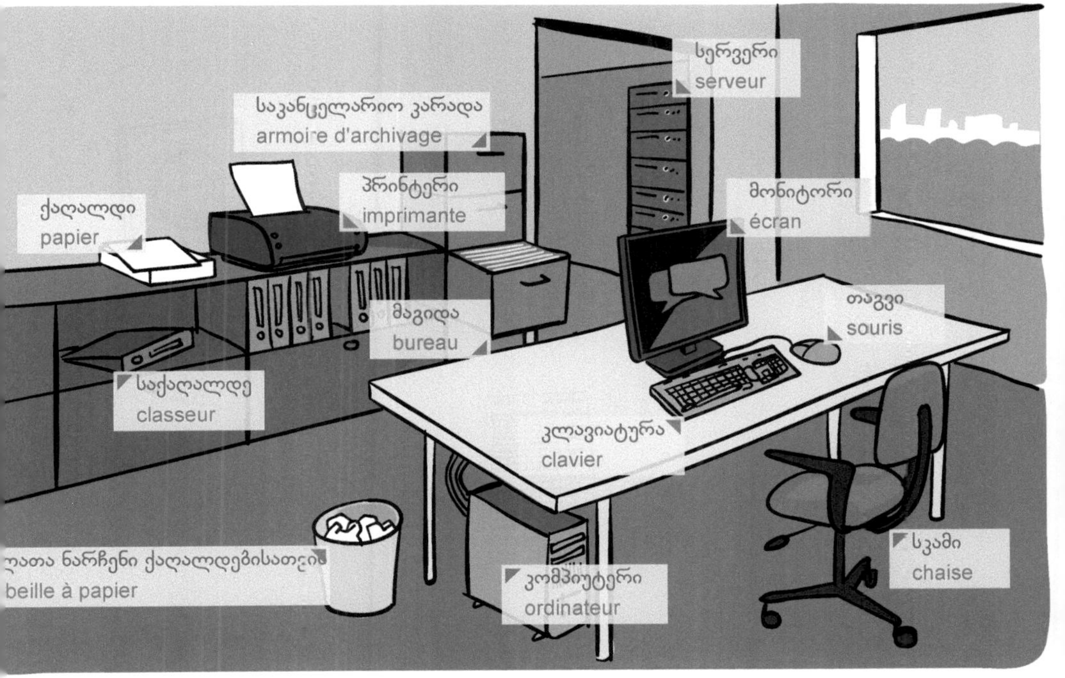

სერვერი
serveur
საკანცელარიო კარადა
armoire d'archivage
პრინტერი
imprimante
ქაღალდი
papier
მონიტორი
écran
მაგიდა
bureau
თაგვი
souris
საქაღალდე
classeur
კლავიატურა
clavier
ათა ნარჩენი ქაღალდებისათვის
beille à papier
კომპიუტერი
ordinateur
სკამი
chaise

ყავის ფინჯანი

tasse de café

კალკულატორი

calculatrice

ინტერნეტი

internet

ლეპტოპი
ordinateur portable

წერილი
lettre

მესიჯი
message

მობილური ტელეფონი
portable

ქსელი
réseau

სკანერი
photocopieuse

პროგრამული
უზრუნველყოფა
logiciel

ტელეფონი
téléphone

როზეტი
prise

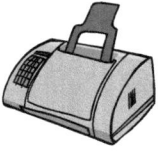

ფაქსის მანქანა
fax

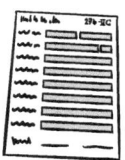

ფორმულარი
formulaire

დოკუმენტი
document

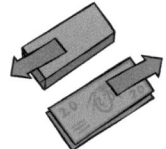

ყიდვა

acheter

გადახდა

payer

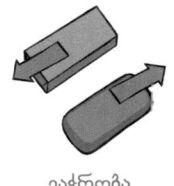

ვაჭრობა

faire du commerce

ფული

monnaie

დოლარი

dollar

ევრო

euro

იენი

yen

რუბლი

rouble

შვეიცარული ფრანკი

franc suisse

ჟენმინბი იუანი

renminbi yuan

რუპი

roupie

ბანკომატი

distributeur automatique

ვალუტის გადაცვლის პუნქტი
bureau de change

ოქრო
or

ვერცხლი
argent

ნავთობი
pétrole

ენერგია
énergie

ფასი
prix

ხელშეკრულება
contrat

გადასახადი
taxe

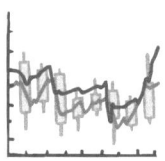

აქცია
action

მუშაობა
travailler

თანამშრომელი
employé

დამსაქმებელი
employeur

ქარხანა
usine

მაღაზია
magasin

პროფესიები

professions

პოლიციის ოფიცერი
agent de police
მეხანძრე
pompier
მზარეული
cuisinier
ექიმი
médecin
მფრინავი
pilote

მებაღე

jardinier

დურგალი

menuisier

თეთრეულის მკერავი ქალბატონი

couturière

მოსამართლე

juge

ქიმიკოსი

chimiste

მსახიობი

acteur

ავტობუსის მძღოლი

conducteur de bus

ტაქსის მძღოლი

chauffeur de taxi

მეთევზე

pêcheur

დამლაგებელი ქალბატონი

femme de ménage

სახურავის ოსტატი

couvreur

მიმტანი

serveur

მონადირე

chasseur

ფერმწერი

peintre

მცხობელი

boulanger

ელექტრიკოსი

électricien

მშენებელი

ouvrier

ინჟინერი

ingénieur

ყასაბი

boucher

სანტექნიკოსი

plombier

ფოსტალიონი

facteur

ჯარისკაცი

soldat

არქიტექტორი

architecte

მოლარე

caissier

ფლორისტი

fleuriste

პარიკმახერი

coiffeur

კონდუქტორი

contrôleur

მექანიკოსი

mécanicien

კაპიტანი

capitaine

სტომატოლოგი

dentiste

მეცნიერი

scientifique

რაბინი

rabbin

იმამი

imam

ბერი

moine

სასულიერო პირი

prêtre

იარაღები

outils

გრტყელტუჩა
pinces
ჩაქუჩი
marteau
სახრახნისი
tournevis
ჯიბის სანათი
torche
ქანჩის გასაღები
clé

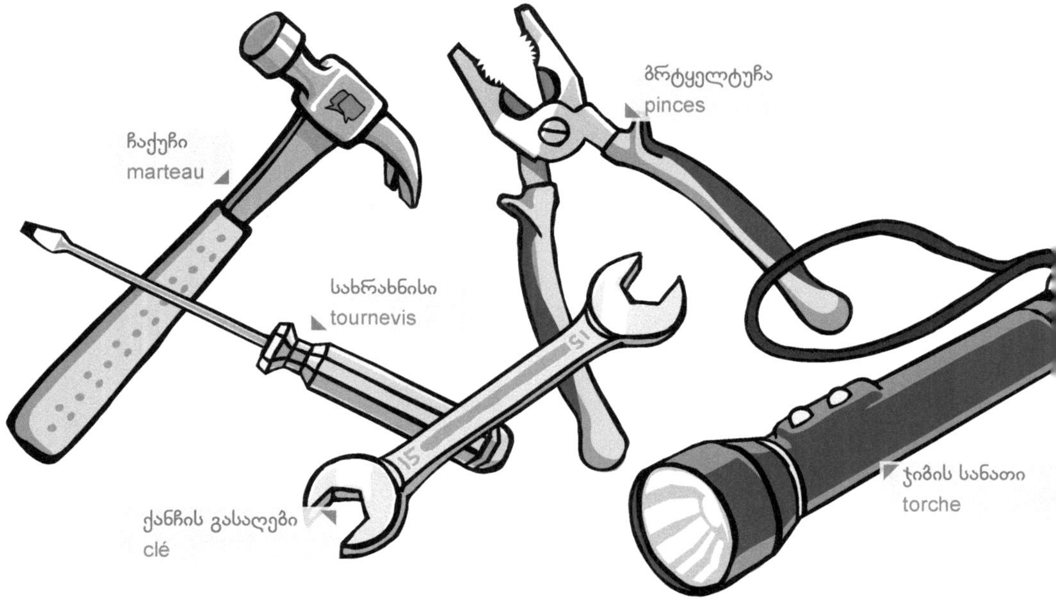

ექსკავატორი

pelleteuse

იარაღების ყუთი

boîte à outils

კიბე

échelle

ხერხი

scie

ლურსმები

clous

საბურღი

perceuse

შეკეთება

réparer

ნიჩაბი

pelle

ანდაბა!

Mince !

აქანდაზი

pelle

საღებავის ქოთანი

pot de peinture

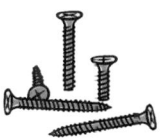

ხრახნები

vis

მუსიკალური ინსტრუმენტები

instruments de musique

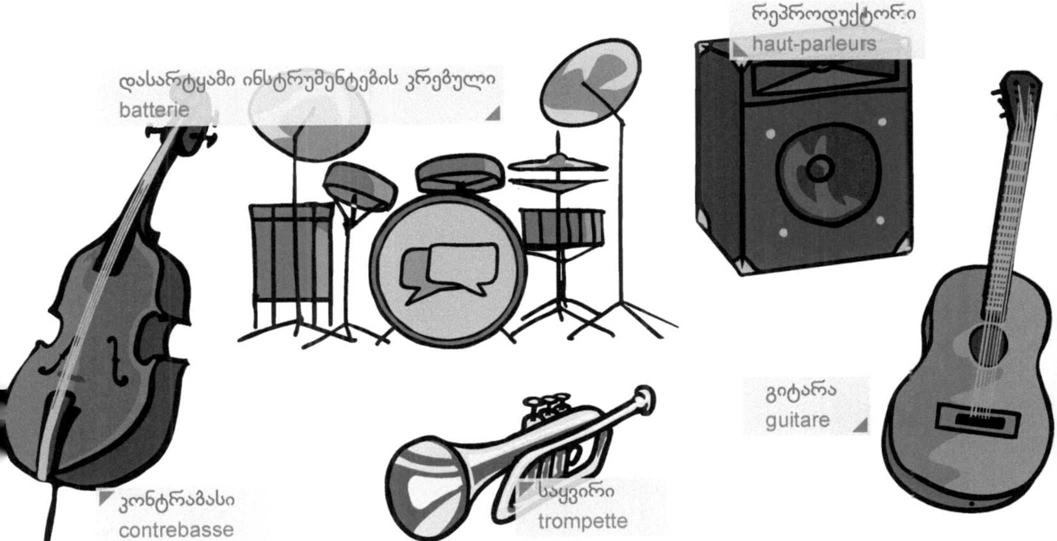

რეპროდუქტორი
haut-parleurs
დასარტყამი ინსტრუმენტების კრებული
batterie
გიტარა
guitare
კონტრაბასი
contrebasse
საყვირი
trompette

ფორტეპიანო

piano

ვიოლინო

violon

ბასი

basse

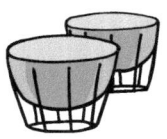

ტიმპანონი

timbales

დასარტყამები

tambour

კლავიშები

piano électrique

საქსოფონი

saxophone

ფლეიტა

flûte

მიკროფონი

microphone

ვეფხვი
tigre

შესასვლელი
entrée

გალია
cage

ზებრა
zèbre

ცხოველთა საკვები
alimentation animale

პანდა
panda

ცხოველები
animaux

სპილო
éléphant

კენგურუ
kangourou

მარტორქა
rhinocéros

გორილა
gorille

დათვი
ours

აქლემი

chameau

სირაქლემა

autruche

ლომი

lion

მაიმუნი

singe

ფლამინგო

flamand rose

თუთიყუში

perroquet

პოლარული დათვი

ours polaire

პინგვინი

pingouin

ზვიგენი

requin

ფარშევანგი

paon

გველი

serpent

ნიანგი

crocodile

ზოოპარკის მფლობელი

gardien de zoo

სელაპი

phoque

იაგუარი

jaguar

პონი

poney

ლეოპარდი

léopard

ბეჰემოტი

hippopotame

ჟირაფი

girafe

არწივი

aigle

ტახი

sanglier

თევზი

poisson

კუ

tortue

მორჟი

morse

მელა

renard

გაზელი

gazelle

სპორტი

sports

ამერიკული ფეხბურთი
american Football
ველოსპორტი
cyclisme
ჩოგბურთი
tennis
კალათბურთი
basket-ball
ცურვა
natation
ყინულის ჰოკეი
hockey sur glace
კრივი
boxe

ფეხბურთი

football

ბადმინტონი

badminton

მძლეოსნობა

athlétisme

ხელბურთი

handball

სათხილამურო სპორტი

ski

წყლის პოლო

polo

დაცინვა
rire
გადახტომა
sauter
ჩახუტება
embrasser
სეირნობა
marcher
სიმღერა
chanter
ოცნებობა
rêver
ლოცვა
prier
კოცნა
faire la bise

წერა
écrire

დახატვა
dessiner

ჩვენება
montrer

დაჭერა
pousser

მიცემა
donner

აღება
prendre

ქონა

avoir

კეთება

faire

ყოფნა

être

დგომა

être debout

გარბენა

courir

მოქაჩვა

trier

გადაყრა

jeter

დაცემა

tomber

ტყუილის თქმა

être couché

მოცდენა

attendre

ტარება

porter

ჯდომა

être assis

ჩაცმა

s'habiller

ძილი

dormir

გაღვიძება

se réveiller

დათვალიერება

regarder

ტირილი

pleurer

გაუთოება

caresser

დავარცხნა

peigner

ლაპარაკი

parler

გაგება

comprendre

შეკითხვა

demander

მოსმენა

écouter

დალევა

boire

ჭამა

manger

დალაგება

ranger

ყვარება

aimer

კერძების მზადება

cuire

სვლა

conduire

ფრენა

voler

აფრის ქვეშ სიარული

faire de la voile

გამოთვლა

calculer

წაკითხვა

lire

შესწავლა

apprendre

მუშაობა

travailler

ქორწინება

se marier

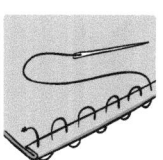

კერვა

coudre

კბილების ხეხვა

brosser les dents

მოკვლა

tuer

მოწევა

fumer

გაგზავნა

envoyer

famille

ბებია
grand-mère
ბაბუა
grand-père
მამა
père
დედა
mère
ბავშვი
bébé
ქალიშვილი
fille
ვაჟიშვილი
fils

სტუმარი

hôte

დეიდა

tante

ბიძა

oncle

ძმა

frère

და

sœur

სხეული

corps

შუბლი
front
თვალი
œil
მხარი
épaule
თითი
doigt
სახე
visage
ნიკაპი
menton
ხელი
main
ფეხი
jambe
მკერდი
poitrine
მკლავი
bras

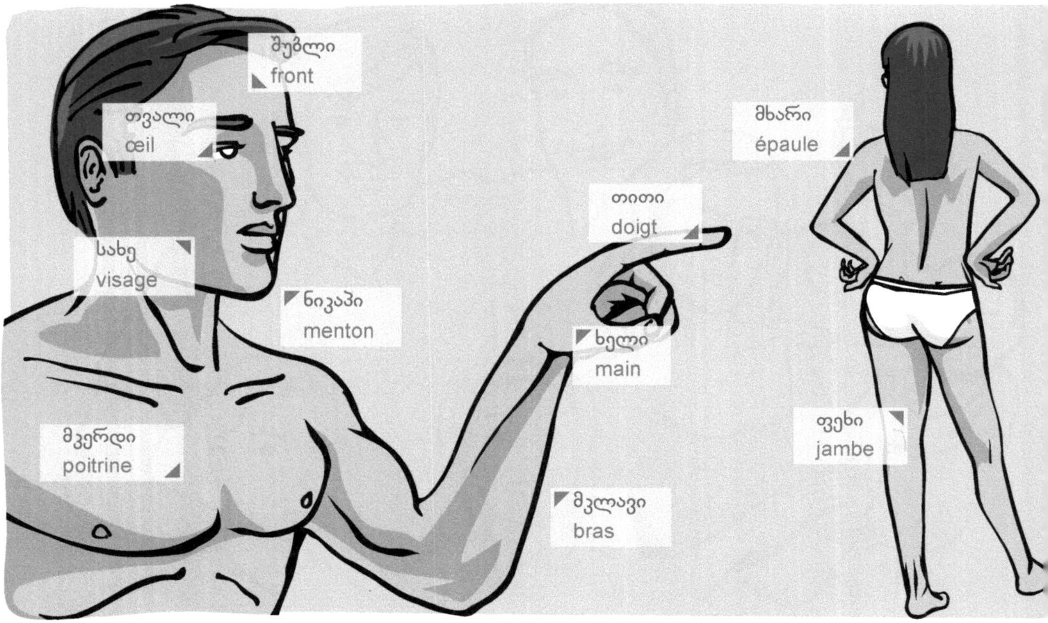

ბავშვი

bébé

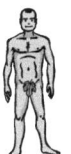

კაცი

homme

ქალი

femme

გოგო

fille

ბიჭი

garçon

თავი

tête

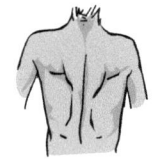

ზურგი

dos

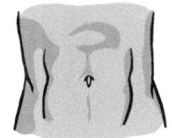

მუცელი

ventre

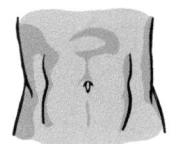

ჭიპი

nombril

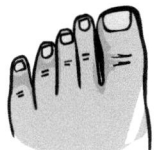

ფეხის თითი

orteil

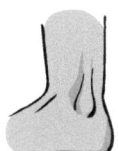

ქუსლი

talon

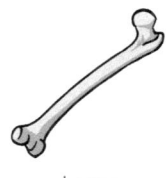

ძვალი

os

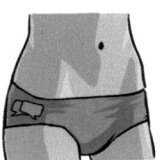

ბარძაყი

hanche

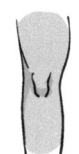

მუხლი

genou

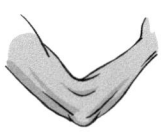

იდაყვი

coude

ცხვირი

nez

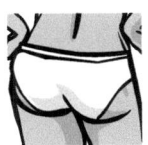

დუნდულა

fesses

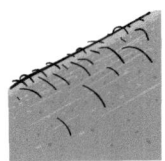

კანი

peau

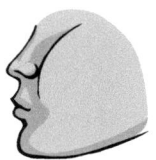

ლოყა

joue

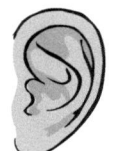

ყური

oreille

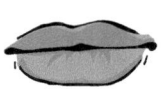

ტუჩი

lèvre

პირი

bouche

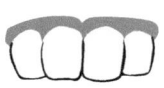

კბილი

dent

ენა

langue

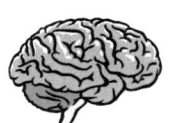

ტვინი

cerveau

გული

cœur

კუნთი

muscle

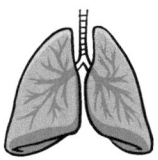

ფილტვი

poumons

ღვიძლი

foie

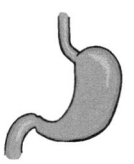

კუჭი

estomac

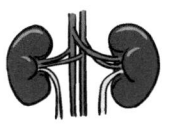

თირკმელები

reins

სექსი

rapport sexuel

პრეზერვატივი

préservatif

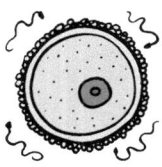

კვერცხუჯრედი

ovule

სპერმა

sperme

ორსულობა

grossesse

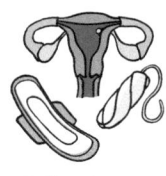

მენსტრუაცია

menstruation

საშო

vagin

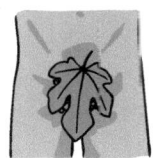

პენისი

pénis

წარბი

sourcil

თმა

cheveux

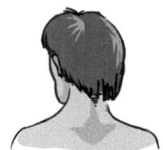

კისერი

cou

საავადმყოფო

hôpital

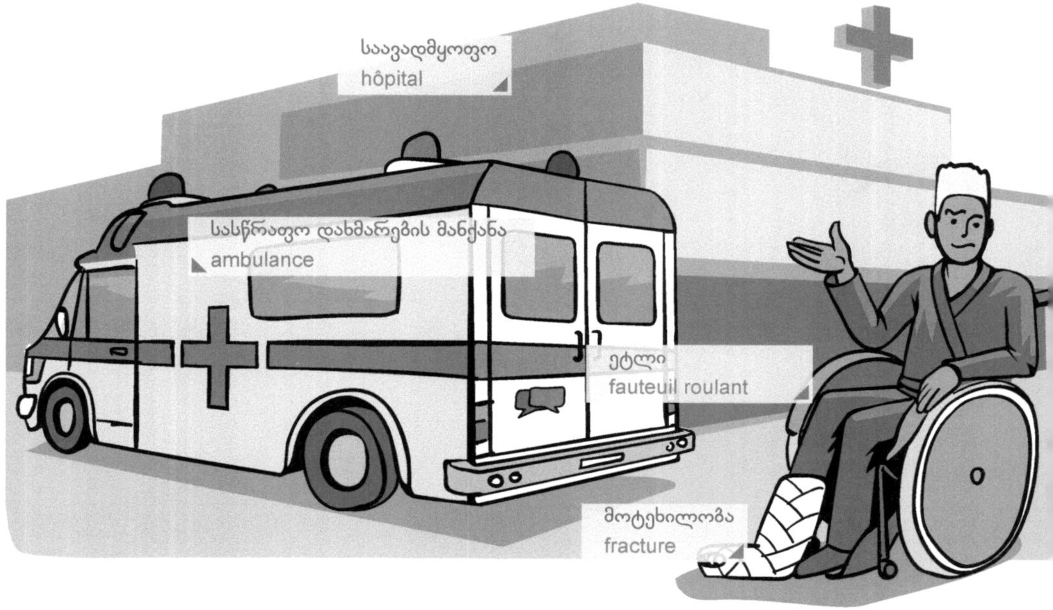

სასწრაფო დახმარების მანქანა
ambulance
ეტლი
fauteuil roulant
მოტეხილობა
fracture

ექიმი

médecin

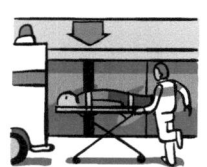

პირველი დახმარების ოთახი

service des urgences

მედდა

infirmière

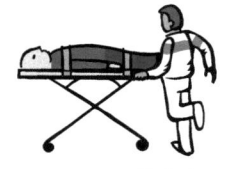

გადაუდებელი შემთხვევა

urgence

უგონოდ მყოფი

inconscient

ტკივილი

douleur

დაზიანება

blessure

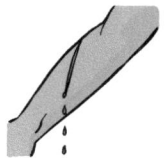

სისხლდენა

hémorragie

გულის შეტევა

crise cardiaque

ინსულტი

attaque cérébrale

ალერგია

allergie

ხველა

toux

ცხელება

fièvre

გრიპი

grippe

დიარეა

diarrhée

თავის ტკივილი

mal de tête

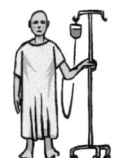

კიბო

cancer

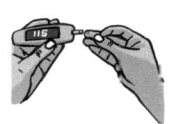

დიაბეტი

diabète

ქირურგი

chirurgien

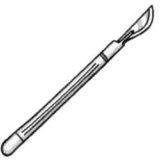

სკალპელი

scalpel

ოპერაცია

opération

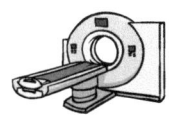

კტ

CT

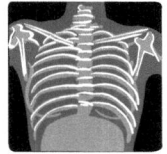

რენტგენი

radiographie

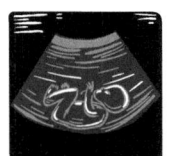

ულტრაბგერა

échographie

ნიღაბი

masque

დაავადება

maladie

მოსაცდელი ოთახი

salle d'attente

ყავარჯენი

béquille

თაბაშირი

pansement

ბინტი

pansement

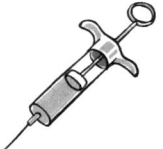

ინექცია

injection

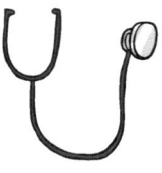

სტეტოსკოპი

stéthoscope

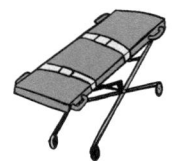

საკაცე

brancard

თერმომეტრი

thermomètre

დაბადება

accouchement

ჭარბი წონა

surcharge pondérale

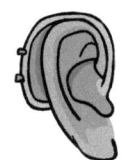

სმენის აპარატი

appareil auditif

სადეზინფექციო საშუალება

désinfectant

ინფექცია

infection

ვირუსი

virus

აივ / შიდსი

VIH / sida

წამალი

médicament

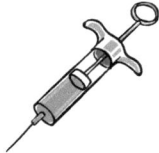

ვაქცინაცია

vaccination

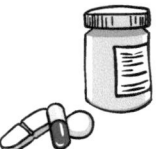

ტაბლეტები

comprimés

აბი

pilule

ადაუდებელი გამოძახება

appel d'urgence

წნევის საზომი აპარატი

tensiomètre

ავადმყოფი / ჯანმრთელი

malade / sain

გადაუდებელი შემთხვევა

urgence

დამეხმარეთ!

Au secours !

განგაში

alarme

თავდასხმა

assaut

შეტევა

attaque

საფრთხე

danger

სათადარიგო გასასვლელი

sortie de secours

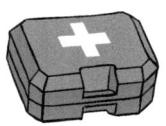

ხანძარი!

Au feu!

ცეცხლსაქრობი

extincteur

უბედური შემთხვევა

accident

პირველადი დახმარების აფთიაქი

trousse de premier secours

SOS

SOS

პოლიცია

police

ევროპა

Europe

ჩრდილოეთ ამერიკა

Amérique du Nord

სამხრეთ ამერიკა

Amérique du Sud

აფრიკა

Afrique

აზია

Asie

ავსტრალია

Australie

ატლანტიკა

Océan atlantique

წყნარი ოკეანე

Océan pacifique

ინდოეთის ოკეანე

Océan indien

ანტარქტიკის ოკეანე

Océan antarctique

ჩრდილოეთის ყინულოვანი
ოკეანე

Océan arctique

ჩრდილოეთ პოლუსი

pôle nord

სამხრეთ პოლუსი

pôle sud

ანტარქტიდა

Antarctique

დედამიწა

terre

ხმელეთი

pays

ზღვა

mer

კუნძული

île

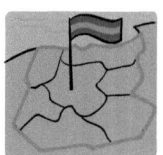

ერი

nation

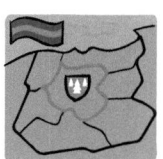

სახელმწიფო

état

საათი

...heure(s)

ციფერბლატი

cadran

საათების ისარი

aiguille des heures

წუთების ისარი

aiguille des minutes

წამების ისარი

aiguille des secondes

რომელი საათია?

Quelle heure est-il ?

დღე

jour

დრო

temps

ახლა

maintenant

ციფრული საათი

montre digitale

წუთი

minute

საათი

heure

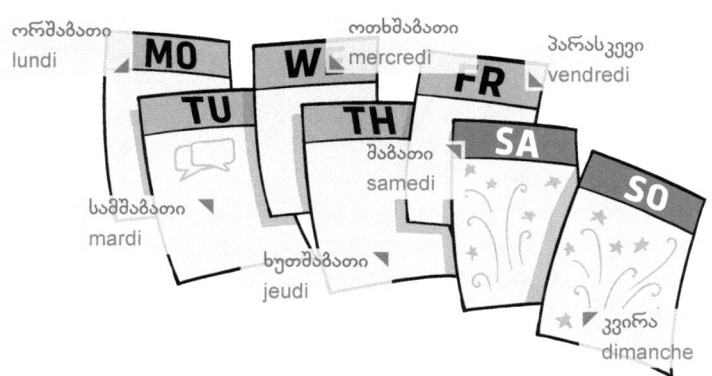

ორშაბათი — lundi
სამშაბათი — mardi
ოთხშაბათი — mercredi
ხუთშაბათი — jeudi
პარასკევი — vendredi
შაბათი — samedi
კვირა — dimanche

გუშინ
hier

დღეს
aujourd'hui

ხვალ
demain

დილა
matin

შუადღე
midi

საღამო
soir

MO	TU	WE	TH	FR	SA	SU
1	2	3	4	5	6	7
8	9	10	11	12	13	14
15	16	17	18	19	20	21
22	23	24	25	26	27	28
29	30	31	1	2	3	4

სამუშაო დღეები
jours ouvrables

MO	TU	WE	TH	FR	SA	SU
1	2	3	4	5	6	7
8	9	10	11	12	13	14
15	16	17	18	19	20	21
22	23	24	25	26	27	28
29	30	31	1	2	3	4

შაბათი-კვირა
week-end

წელი
année

წვიმა
pluie
ცისარტყელა
arc-en-ciel
ქარი
vent
თოვლი
neige
გაზაფხული
printemps
შემოდგომა
automne
ზაფხული
été
ზამთარი
hiver

4.APRIL 11°
5.APRIL 4°
6.APRIL 13°
7.APRIL 8°
8.APRIL 10°

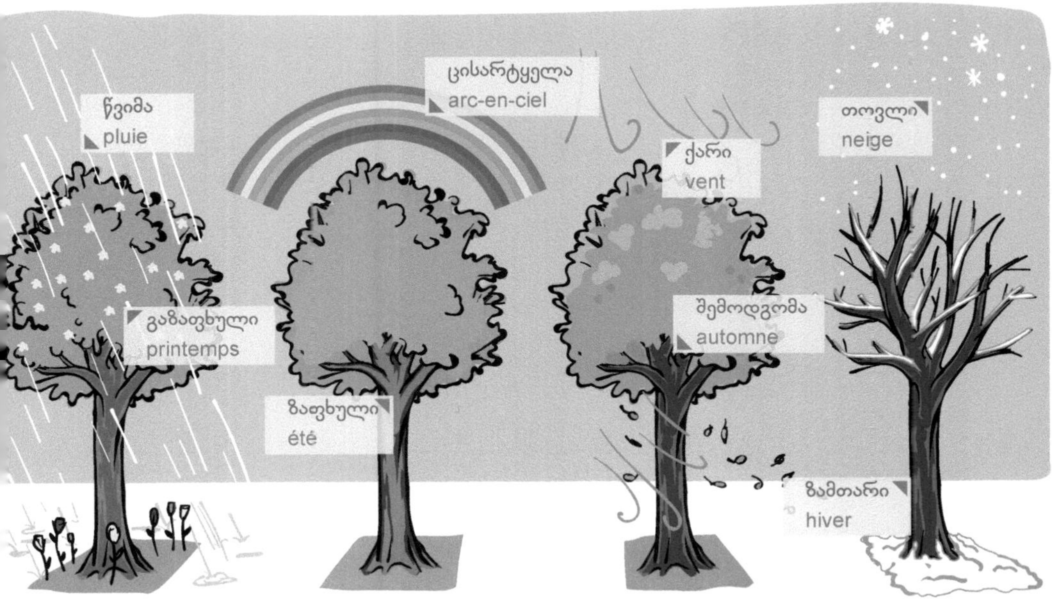

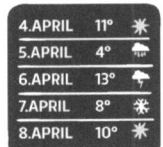

ამინდის პროგნოზი

météo

F
C
120
90
60
30
0
-30
40
30
20
10
0
-10
-20

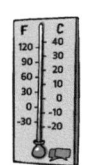

თერმომეტრი

thermomètre

მზის სხივი

lumière du soleil

ღრუბელი

nuage

ნისლი

brouillard

ტენიანობა

humidité

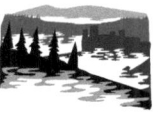

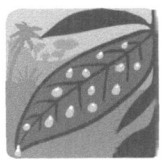

ელვა

foudre

ქუხილი

tonnerre

შტორმი

tempête

სეტყვა

grêle

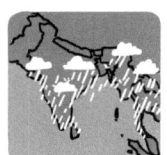

მუსონი

mousson

წყალდიდობა

inondation

ყინული

glace

იანვარი

janvier

თებერვალი

février

მარტი

mars

აპრილი

avril

მაისი

mai

ივნისი

juin

ივლისი

juillet

აგვისტო

août

წელი - année

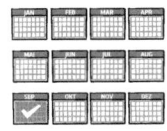

სექტემბერი

septembre

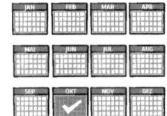

ოქტომბერი

octobre

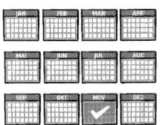

ნოემბერი

novembre

დეკემბერი

décembre

ფორმები
formes

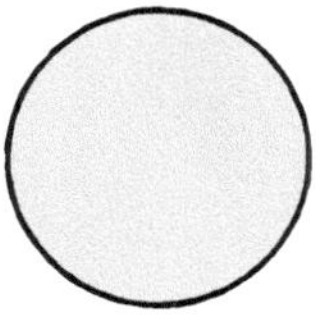

წრე

cercle

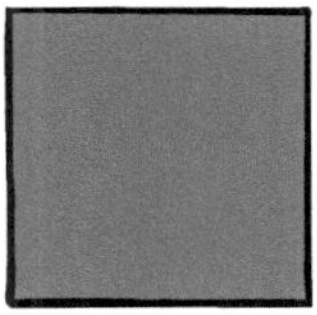

კვადრატი

carré

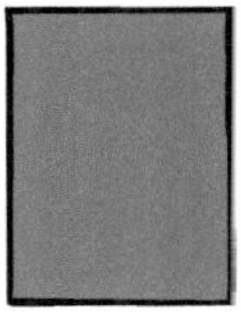

მართკუთხედი

rectangle

სამკუთხედი

triangle

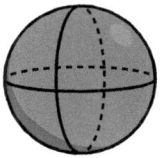

სფერო

sphère

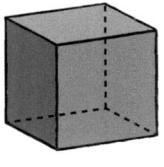

კუბი

cube

ფერები
couleurs

თეთრი

blanc

ყვითელი

jaune

ნარინჯისფერი

orange

ვარდისფერი

rose

წითელი

rouge

იისფერი

violet

ცისფერი

bleu

მწვანე

vert

ყავისფერი

marron

ნაცრისფერი

gris

შავი

noir

საპირისპიროები

oppositions

ბევრი / ცოტა

beaucoup / peu

გაბრაზებული / მშვიდი

fâché / calme

ლამაზი / მახინჯი

joli / laid

დასაწყისი / დასასრული

début / fin

დიდი / პატარა

grand / petit

ნათელი / ნუქი

clair / obscure

ძმა / და

frère / soeur

სუფთა / ჭუჭყიანი

propre / sale

სრული / არასრული

complet / incomplet

დღე / ღამე

jour / nuit

მკვდარი / ცოცხალი

mort / vivant

განიერი / ვიწრო

large / étroit

საჭმელად ვარგისი / საჭმელად უვარგისი

comestible / incomestible

ბოროტი / კეთილი

méchant / gentil

შთამბეჭდავი / მოსაწყენი

excité / ennuyé

სქელი / თხელი

gros / mince

პირველი / ბოლო

premier / dernier

მეგობარი / მტერი

ami / ennemi

სრული / ცარიელი

plein / vide

მყარი / რბილი

dur / souple

მძიმე / მსუბუქი

lourd / léger

მოშიებული / მწყურვალე

faim / soif

ავადმყოფი / ჯანმრთელი

malade / sain

არალეგალური / ლეგალური

illégal / légal

ინტელექტუალი / სულელი

intelligent / stupide

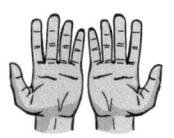

მარცხენა / მარჯვენა

gauche / droite

ახლოს / შორს

proche / loin

ახალი / გამოყენებული

nouveau / usé

არაფერი / რაღაცა

rien / quelque chose

მოხუცი / ახალგაზრდა

vieux / jeune

ჩართვა / გამორთვა

marche / arrêt

ღია / დახურული

ouvert / fermé

ჩუმი / ხმამაღალი

faible / fort

მდიდარი / ღარიბი

riche / pauvre

მართალი / მტყვანი

correct / incorrect

უხეში / გლუვი

rugueux / lisse

სევდიანი / ბედნიერი

triste / heureux

მოკლე / გრძელი

court / long

ნელი / სწრაფი

lent / rapide

სველი / მშრალი

mouillé / sec

თბილი / გრილი

chaud / froid

ომი / მშვიდობა

guerre / paix

რიცხვები
nombres

0	**1**	**2**
ნული	ერთი	ორი
zéro	un / une	deux
3	**4**	**5**
სამი	ოთხი	ხუთი
trois	quatre	cinq
6	**7**	**8**
ექვსი	შვიდი	რვა
six	sept	huit
9	**10**	**11**
ცხრა	ათი	თერთმეტი
neuf	dix	onze

12	**13**	**14**
თორმეტი	ცამეტი	თოთხმეტი
douze	treize	quatorze
15	**16**	**17**
თხუთმეტი	თექვსმეტი	ჩვიდმეტი
quinze	seize	dix-sept
18	**19**	**20**
თვრამეტი	ცხრამეტი	ოცი
dix-huit	dix-neuf	vingt
100	**1.000**	**1.000.000**
ასი	ათასი	მილიონი
cent	mille	million

ენები
langues

ინგლისური

anglais

ამერიკული ინგლისური

anglais américain

ჩინური მანდარინი

chinois mandarin

ჰინდი

hindi

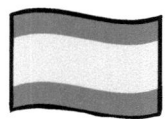

ესპანური

espagnol

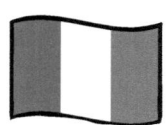

ფრანგული

français

არაბული

arabe

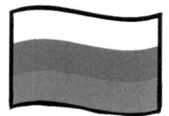

რუსული

russe

პორტუგალიური

portugais

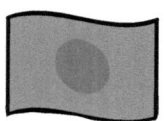

ბენგალური

bengali

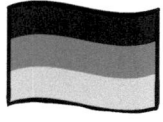

გერმანული

allemand

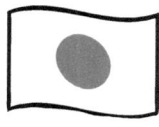

იაპონური

japonais

ვინ / რა / როგორ
qui / quoi / comment

მე

je

შენ

tu

ის / ის / იგი

il / elle / ce, c', cela

ჩვენ

nous

თქვენ

vous

ისინი

ils / elles

ვინ?

Qui ?

რა?

Quoi ?

როგორ?

Comment ?

სად?

Où ?

როდის?

Quand ?

სახელი

nom

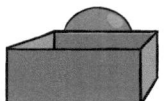

სად
où

უკან

derrière

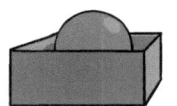

შიგნით

dans

წინ

devant

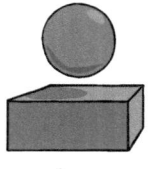

ზედ

au-dessus

=-ზე

sur

ქვეშ

en-dessous

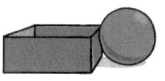

გვერდით

à côté de

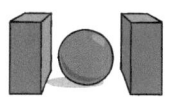

შორის

entre

ადგილი

lieu